Guadagnare con gli NFT

Regole di base per il trading di
NonFungibleTokens sui principali mercati

di *Alessandro Mondelli*

"I wish I had kept my 1,700 BTC @ $0.06 instead of selling them at $0.30, now that they're $8.00! #bitcoin"

Tweet, 2011 @GregSchoen

INDICE

Premessa 4

Mercati NFT 9

Blockchain 14

Wallet 17

Progetti 27

Red Flags 33

Quando e come acquistare 40

Gas fees war 45

Premessa

Lo scopo di questo libro, che potremmo chiamare al più manuale, è dare informazioni circa il mondo dei NFT – Token non fungibili e, ancora meglio, riguardo alla possibilità di poterne trarre un beneficio economico.

Sia chiaro che le illustrazioni e le spiegazioni che seguiranno non sono un incentivo ad investire né in alcun modo consigli finanziari.

L'unico scopo di questo libro è "educare" circa la rivoluzione di questa decade.

Stiamo parlando di un mondo che promette generosi ed elevatissimi guadagni, ma purtroppo chi non risica non rosica. Tali guadagni corrispondono ad eguali generosi investimenti, quindi prima di mettere a rischio un patrimonio è bene comprendere appieno la materia. Questo è il fine ultimo di tale scritto.

Per essere più specifici, si tratterà delle Opere d'Arte Digitali, di seguito illustrate in quantità e qualità, le quali si basano più di qualunque altra cosa sull'architettura Blockchain.

Prima di addentrarci nel clou, inquadriamo il settore dei NonFungibleTokens.

È da dire che non solo le Opere d'arte possono (o potrebbero) sfruttare la Blockchain.
Nello scorso "Token non fungibili: Guida introduttiva sul commercio d'Arte Digitale NFT sulla Blockchain" scrivevo in merito alla possibile implementazione che tale tecnologia potrebbe dare al futuro.
Per chi se lo fosse perso, se considerassimo un NonFungibleToken come un contratto digitale

registrato sulla rete Blockchain su cui è scritto permanentemente ogni caratteristica, qualità, data, creatore e proprietario, questi potrebbe essere utile per molteplici scopi.

Facciamo finta che abbiamo intenzione di cambiare auto e siamo orientati verso l'acquisto di un'auto usata. Questo per il semplice motivo che una nuova auto otterrebbe una notevole svalutazione economica appena messe fuori le ruote dal concessionario.

A quanti rischi andremmo incontro a scegliere un usato?

Contachilometri abilmente maneggiati, incidenti non rilevabili a livello macroscopico e, ovviamente, zero garanzie se stiamo parlando di acquisti addirittura da privati che non abbiamo mai visto finora.

Se, come personalmente mi auguro, arriveremo al punto che l'architettura Blockchain divenga d'uso comune, non sarebbe strano, ma al contrario molto efficiente, se ogni auto fosse registrata sulla rete. In tal modo sarebbero scritti nero su bianco gli effettivi chilometri dell'auto usata che stiamo valutando di acquistare, tutti i proprietari della medesima e gli eventuali incidenti; per non parlare di tagliandi, contravvenzioni, ecc.

La rivoluzione.

Tornando a noi, le informazioni che seguiranno saranno dettagliate e vi accompagneranno step-by-step ad acquistare e rivendere NFT creando profitto.

Di conseguenza, trattandosi di una guida, soffermatevi su ogni punto, prendete appunti e, se necessario, approfondite i termini e i punti meno comprensibili anche su terze fonti. Spero ovviamente che questo non sia necessario e che questo testo sia esaustivo anche per chi si affaccia a questo mondo per la prima volta.

Nell'ultima pagina avrete una piacevole sorpresa.

Nessuno spoiler! Buona lettura.

Mercati NFT

Abbiamo ampiamente discusso nel precedente libro i differenti mercati di NFT.

Per migliaia di motivi che non elenco, per fare trading di NFT ci concentreremo *prevalentemente* su OpenSea.

Ma andiamo con ordine.

Quando parlo di trading intendo letteralmente ciò che la parola significa, ovvero compravendita.

Noi compreremo su OpenSea - ma non solo - e soprattutto **venderemo** su OpenSea.

Per chi avesse perso il precedente volume, OpenSea è sostanzialmente un mercato di seconda mano, un po' come eBay, ma andiamo ad approfondirlo.

OpenSea

Come detto, OpenSea sarà il nostro mercato, la nostra piazza dove trovare buoni affari, studiare l'andamento dei prezzi e, soprattutto, vendere e trarre profitto.

Ci tengo a sottolineare il concetto di "seconda mano".

Su OpenSea troveremo NFT già *creati*.

Che vuol dire?

Secondo il linguaggio del mondo NFT, quando un'opera viene *prodotta* si dice che viene *mintata* (dall'inglese *to mint = coniare*).

Ebbene, ogni progetto, almeno quelli di una certa valenza, hanno un proprio website, un proprio canale Discord e, spesso, i collegamenti ai canali social ufficiali.

Per quanto riguarda il canale Discord e i social, questi saranno approfonditi successivamente.

In merito al website del progetto, qui sarà spesso (ma non sempre) presente in primis la spiegazione in toto del progetto stesso, sotto la dicitura di *Whitepaper*.

Di seguito, sarà presente il collegamento per avere accesso al *minting* in un determinato e specifico range di tempo, qualora si risponda ai criteri d'accesso (Whitelist).

Quindi, ricapitolando, su OpenSea troveremo progetti già partiti, i cui acquirenti hanno già partecipato al minting e hanno di seguito messo in vendita gli NFT acquistati.

Ecco perché seconda mano.

È importante, innanzitutto, familiarizzare con i dati presenti su OpenSea.

Ogni progetto, infatti, ha solitamente la sua pagina dedicata in cui appaiono 4 elementi FONDAMENTALI, illustrati qui di seguito:

- **N° Items,**
- **Owners,**
- **Floor price,**
- **Volume traded.**

Tutti e quattro sono facilmente intuibili, ma andiamoli ad approfondire.

1. N° **Items**: Questo dato ci fornisce il numero di NFT della collezione prodotti fino a quel momento. Ogni progetto valido dichiara in partenza il numero limite di NFT che saranno prodotti e che saranno mintabili. Un po' come Bitcoin, per cui è già fissato il limite massimo di "pezzi" che saranno distribuiti, ovvero 21 Milioni.

2. **Owners**: Molto banalmente indica quanti possessori detengono l'NFT. È chiaro che se il possessore è uno, bisogna aprire gli occhi. Possibile Red Flag (approfondimento in seguito).

3. **Floor price**: Indica il prezzo più basso a cui un NFT è in vendita. Senza ulteriori indugi, sarà il prezzo a cui acquisteremo, qualora non abbiamo avuto accesso al mint. Per il trading di NFT non ci importa della rarità del prezzo. L'obiettivo principale è trarne guadagno, non andare a caccia di rarità da esporre nel nostro museo.

4. **Volume Traded**: Indica il volume (in Ethereum) scambiato. È un dato fondamentale quanto il floor price poiché indica i soldi spesi e guadagnati in ogni transazione. È chiaro che più il Volume è alto, più compravendite sono state

effettuate, più il progetto risulta evidentemente richiesto.

Blockchain

Nel mondo dei Token non Fungibili abbiamo diverse reti, o meglio, Blockchain, sul quale le informazioni che certificano l'asset digitale saranno trascritte.

Non mi dilungo ulteriormente a specificare la precedente frase di certificazione digitale, dal momento che dovrebbe essere scontato che è la mera spiegazione degli NFT.

Per quanto riguarda le diverse Blockchain su menzionate, queste sono essenzialmente 3.

Ethereum, Solana e Matic.

Gli ultimi due si distinguono dall'imponenza di Ethereum principalmente per il ridottissimo prezzo di commissioni, le cosiddette *fees*.

Per quanto riguarda Ethereum c'è poco da dire.

È la seconda cripto in termini di market cap dopo la regina Bitcoin. Ha introdotto prima di tutti i token ed i contratti smart e non è una sorpresa che la maggior parte degli NFT sussista sulla sua Blockchain. Il rovescio della medaglia è rappresentato da un'elevata ed incontrollabile pesantezza in termini economici di *fees*, le quali saranno approfondite in seguito.

Sia Ethereum che Polygon (MATIC) hanno il beneficio di poter essere gestite facilmente sul Wallet MetaMask, anche questo trattato nel dettaglio in seguito.

Al contrario Solana necessita di un diverso portafoglio, ad esempio Phantom, ma poco ci importa, dal momento che ci concentreremo esclusivamente sulla rete Ethereum data l'ampia diffusione.

OffTopic per neofiti: il Wallet su cui saranno depositati le cripto, sarà il nostro accesso al cosiddetto Web 3.0.

Se prima utilizzavamo in un classico login username e password, ora per accedere all'universo economico del Web 3.0 basterà collegare il nostro Wallet ed avremo accesso al mondo delle organizzazioni autonome decentralizzate (DAOs).

Non è una banalità. Se prima necessitavamo di essere sottoposti al KYC (Know Your Customer) da terze parti, adesso siamo gli unici detentori delle credenziali, spesso una seed phrase che dovremmo custodire gelosamente in un posto sicuro. In tal modo sarà preservata la nostra privacy e nessuno dovrà autorizzarci ad accedere.

Benvenuti nell'era della crittografia, della privacy e dell'abbattimento del fiduciario di terze parti.

Wallet

Cos'è il Wallet?

Il Wallet è banalmente il nostro portafoglio come dice la parola stessa.

All'interno deterremo le nostre cripto con cui dovremo al più presto familiarizzare, specialmente nei movimenti che possiamo far fare loro.

Essenzialmente la maggior parte dei Wallet hanno poche ma importanti comandi.

Abbiamo il Buy/Sell, ovvero la funzione per trasformare le nostre valute FIAT (dollaro, euro... insomma la nostra valuta corrente) in cripto.

La scelta di acquisto è molto personale ed è improntata sia sulla familiarità che abbiamo con il mondo criptovalute, sia sulla giacenza già disponibile in altri portafogli ed exchange, sia sulla voglia o meno di collegare il nostro conto corrente.

Personalmente acquisto criptovalute ormai già da diversi anni da Coinbase.

Inizialmente partii con Blockchain, un'app che non è rimasta al passo coi tempi ma che nel 2017 è stata una dei primi ponti FIAT/Cripto che ho conosciuto.

Compravo su Blockchain con bonifico o carta e spostavo con la funzione Transfer le mie cripto dove mi servivano, ad esempio su exchange come Binance o Poloniex, le quali mi permettevano di scambiare i Bitcoin con le altre cripto che emergevano.

Successivamente, con l'esplodere della moda Bitcoin e Altcoin (le sorelle minori di Bitcoin), sorse Coinbase che velocemente acquisì notorietà e fiducia dei compratori.

Basti pensare che nel 2021, in piena pandemia e con i mercati tradizionali fortemente indebolite, Coinbase è stata quotata in borsa, il che ne dà, almeno a mio parere, piena affidabilità. Per questo motivo il mio conto corrente tradizionale è collegato a Coinbase, che ci permette oltretutto di guadagnare periodicamente qualche spicciolo introducendoci alle nuove cripto con quiz e mini video lezioni che spiegano le potenzialità e i possibili utilizzi di quest'ultime.

Ecco perché Coinbase, a mio avviso, rimane la principale porta di ingresso nella finanza cripto.

Ora, facciamo il punto della situazione.

Ho trovato il progetto NFT da acquistare, ma sono all'inizio.

Acquisto Ethereum su Coinbase.

Sposto tale cifra sul Wallet di riferimento ed acquisto l'NFT.

Fin qui tutto semplice. Il problema è che ogni movimento fatto, specialmente sulla blockchain di Ethereum, consta di una percentuale che andrà "in fumo", le gas fees.

Se siamo agli inizi, consiglierei però di soffermarci su questa strada. L'NFT che ho puntato costa 0.1 ETH? Su Coinbase acquisterò almeno 0.18 ETH, poiché devo considerare le fees per spostarli sul Wallet e le fees per l'acquisto.

I più smanettoni, invece, magari potrebbero trovare il modo di acquistare velocemente già dal Wallet, oppure di acquistare una cripto con basse fees in modo da risparmiarci sul primo trasferimento e così via.

Passiamo ora al secondo livello, quello che ci interessa più da vicino, ovvero la scelta del wallet.

Personalmente essendo sempre fuori casa o comunque spesso in giro senza il pc, preferisco utilizzare TrustWallet.

Perché la scelta di Trust. Beh Trust non l'ho scelto in principio, mi è capitato.

Era un Wallet trasversale e dinamico su cui potevo ottenere Airdrop (distribuzioni più o meno gratis di nuove crypto), inviare Altcoin in maniera semplice e soprattutto possedeva (e possiede) un'interfaccia semplice ed intuitiva.

In realtà per i neofiti non consiglio Trust.

È vero che ha ormai implementato alla grande le funzionalità per gli NFTs; è vero che è semplice gestire anche le fees direttamente da smartphone; è vero che permette l'accesso a (quasi) tutto il Web 3.0, però per chi si affaccia per la prima volta in questo universo consiglio un bello schermo grande, una sedia ergonomica comoda su cui rilassarsi - ma non troppo - e sprofondare nei meandri degli NFT da pc.

Inoltre, c'è da dire che molti progetti garantiscono a chi possiede anche un solo NFT di avere degli Airdrop gratuiti.

L'Airdrop sostanzialmente è un dono, ovviamente di solito di valore minore dell'NFT.

Essendo regali periodici i creatori prediligono un Airdrop su blockchain Matic perché le fees sono inesistenti, seppur l'NFT principale insista su Ethereum.

Trust, quindi, non è consigliato per cominciare poiché non è ancora possibile il passaggio da rete Ethereum a rete Matic e ci troveremo ad avere Airdrop che non potremmo vendere.

Ecco perché a mio avviso, per i nuovi utenti la scelta migliore sarà sicuramente il buon caro e vecchio amico MetaMask.

MetaMask

MetaMask è un'estensione per browser.

Come si è ben capito non mi piace generalizzare, né tantomeno preferisco parlare di cose che non conosco. Non devo accattivarmi il consenso del pubblico, ma trasmettere le mie conoscenze e, quindi, vi parlerò esclusivamente di ciò che faccio io.

Dopo questa polemica mascherata da discorso di fine anno del Presidente della Repubblica, ci tengo a dirvi che MetaMask lo utilizzo come estensione di Chrome. Sicuramente esiste il modo di utilizzarlo con altri browser, ma preferisco l'intuitività e la semplicità di Chrome.

Ma come funziona MetaMask?

Innanzitutto, è opportuno capire che, oltre ad un Wallet (e se ne possono creare più di uno) MM è un bridge. È il nostro ponte per l'accesso al Web 3.0 ed al mondo delle dApps, ovvero le applicazioni decentralizzate che si poggiano a loro volta su una rete decentralizzata (per intenderci, quel discorso fatto in precedenza su anonimato, terze parti, no username e password ecc.).

Installare MetaMask è molto semplice ed è praticamente impossibile non riuscirci a causa della miriade di guide e tutorial presenti sul web.

La cosa fondamentale è registrare da qualche parte la seed phrase, ovvero le uniche credenziali d'accesso che sono richieste, ma che allo stesso tempo non sono richieste da nessuno.

La seed phrase è la carta d'identità del nostro Wallet, qualunque esso sia.

È una stringa di parole generate a caso che ci permettono, quando ne avessimo bisogno di (ri)accedere per la prima volta al Wallet.

Perché ho detto che non è richiesto da nessuno? Perché nessuno mai avrà bisogno o dovrà venire a conoscenza della nostra seed phrase.

Se qualche malfattore in chat ci promettesse il mondo in cambio della seed phrase o ci spiegasse che questa è un elemento condivisibile senza problemi, potremo inventare qualsiasi parolaccia in ogni lingua per offendere tale malfattore, ma NON dovremo mai rivelare la nostra seed phrase.

Questo perché, se qualcun altro ne venisse a conoscenza, avrebbe accesso a tutti i vostri fondi, che siano questi i primi immessi nel portafoglio o quelli generati da investimenti e trading di criptovalute a seguito di ore di studio e fatica.

Ecco perché mi preme consigliarvi di conservare gelosamente tale seed phrase, con uno screen nei preferiti della galleria per reperirli facilmente in futuro o dovunque sia ritenuto più consono.

Successivamente al primo accesso, ci sarà consentito di inserire una password qualsiasi che ci verrà chiesta ogniqualvolta riavvieremo il nostro pc, in modo da consentire protezione nel caso in cui non fossimo gli unici ad utilizzare il pc stesso.

Una volta spiegato questo, c'è da dire che su MM è possibile trasferire molti tipi di cripto, ma ad esempio, per utilizzare la già citata Polygon (MATIC) è essenziale utilizzare un bridge di terze parti, cambiare rete blockchain manualmente, pagare commissioni per fare tutto questo, insomma un casino. Quindi sempre sulla scia della polemica di prima, vi invito a riempire il Wallet esclusivamente di Ethereum.

Qual è il procedimento inverso?

Facciamo finta che io abbia capito che mi sono stancato e questo mondo non faccia per me o semplicemente voglio prelevare parte dei profitti. Come torno indietro alle FIAT?

Benissimo. Trasferisco gli Ethereum al punto di partenza (Coinbase o qualsivoglia), converto tali Ethereum, al netto delle gas fees di trasferimento, in euro/dollaro e li prelevo/li invio sul mio conto corrente.

Come accennato prima, inoltre, è giusto sapere che su MM è possibile creare più di un portafoglio, anche sulla stessa blockchain.

Se un mint è concorrenziale e permette di acquistare un solo NFT a Wallet, è utile sapere che la concorrenza è facilmente battibile avendo più Wallet.

Fatta la legge, trovato l'inganno.

Progetti

Siamo arrivati al fulcro della narrazione.

Il punto cruciale.

Dove trovare i progetti?

Non esiste una risposta univoca a questa domanda dal momento che non c'è una verità assoluta.

Di sicuro, però, ci sono diversi sistemi per trovare un progetto valido.

Trovare un progetto però è solo la fase principale, dal momento che questo dovrà passare sotto la nostra lente di ingrandimento per valutare se sia valido o meno.

In un mondo invaso da ogni sorta di pubblicità come quello in cui viviamo, paradossalmente è il progetto a cercare noi.

Sui social, una volta iniziata a seguire una determinata nicchia come quella degli NFT, saremo molto presto invasi da ads di tutti i tipi.

Quindi, è lampante che il primo posto dove ricercare progetti è Instagram, ma soprattutto Twitter, essendo quest'ultima una piazza molto frequentata da creators e collectors di NFT.

Oltre ai social, però, esistono valide alternative: i tools.

Tools

Tra i tanti tools regnanti sul web in materia di NFT, uno su tutti è rarity.tools.

Rarity.tools, oltre ad elencare tutti i progetti già esistenti, ci permette di valutare le rarità dei pezzi, in base ai tratti caratteristici dell'opera.

Spieghiamo quest'ultima cosa ai neofiti.

Solitamente gli NFT più famosi, riprendendo il concetto che non è più solo l'opera in sé ad attirare clienti, hanno di base un'unica forma o immagine.

Quello che differisce, ad esempio in una collezione di 10.000 pezzi, sono i tratti.

Per prendere l'esempio dei celeberrimi Bored Apes, la scimmia di base è sostanzialmente una, quello che cambia sono gli occhi, la bocca, i vestiti e così via.

La rarità di un pezzo è data per l'appunto da questi tratti che sono generati casualmente al mint. Un NFT è più o meno raro in base a quanti pezzi della collezione posseggono quel tratto.

Se su 10.000 scimmie solo 1 ha generato i raggi laser dagli occhi, va da sé che questo è, per l'appunto, più unico che raro.

L'aspetto fondamentale che ci interessa di rarity però non è questo. Come accennato nella parte in merito ad OpenSea, acquistando NFT al floor price, sorvoleremo sulla rarità dell'opera.

L'aspetto importante di rarity.tools è, infatti, la parte in cui annuncia i progetti in prossima uscita.

C'è da dire che, come è facilmente verificabile, ogni progetto può acquistare la pubblicità su rarity.tools. Diventa quindi più arduo trovare il progetto che conta poiché anche quelli non validi saranno listati sul sito.

Ciò sottolinea l'importanza della valutazione di un progetto da cima a fondo.

Considerato che l'obiettivo cardine è cercare di trovare un progetto prima del mint, in modo da poter provare ad accedere alla Whitelist e comprare prioritariamente al pre-sale l'NFT per rivenderlo subito, è chiaro che non ci soffermeremo su progetti il cui mint è l'indomani. Trovato il progetto, prima di vagliarlo minuziosamente, diamo subito un occhio al canale Discord.

Discord

Il canale Discord è il biglietto da visita del progetto.

Se sul canale Discord sono presenti migliaia di utenti e lo scambio di messaggi nella chat generale è assiduo, allora ci troviamo dinanzi ad un progetto molto chiacchierato, valido, discusso e seguito.

Il canale è anche l'unica porta d'accesso alla priorità.

Come accennato il primo step da seguire per guadagnare dalla compravendita di NFT è, sicuramente, cercare di acquistarlo prima di tutti e ad un prezzo vantaggioso ed esclusivo.

Per riuscire in questo intento bisogna accedere alla Whitelist, chiarita per bene in seguito.

Il punto da avere ben chiaro in mente, però, è che, qualunque sia il modo, una volta valutato il progetto come profittevole, bisogna entrare in Whitelist.

Ma procediamo per ordine e andiamo a capire cosa controllare una volta adocchiato un progetto.

Red Flags

Cos'è una Red Flag?

Tradotto semplicemente vuol dire bandiera rossa. Ciò sta a significare un segnale di attenzione, una situazione da tenere sotto controllo che ci deve fare aprire gli occhi. Guai in vista.

Esempio banale per comprenderci meglio: uscite per un primo appuntamento e il ragazzo o la ragazza parla durante tutta la serata del suo/della sua ex... Allarme!

Di seguito i punti da esaminare con attenzione che potrebbero avvisarci della poca validità del progetto.

Whitepaper

Il Whitepaper è la spiegazione del progetto come detto poc'anzi.

Una sorta di business plan.

Se manca, scappate da questo progetto.

Solitamente il Whitepaper è presente sul website (per inciso, il website è essenziale, senza di questo il progetto non è degno di rubarci altri minuti).

Nel Whitepaper solitamente troveremo la spiegazione del progetto e i vantaggi che l'acquisto di tale NFT ci permette di ottenere.

È ovvio che nel mondo NFT, ormai, non ci si accontenta più di acquistare un'immagine, una gif o quel che sia, solo per detenere tale asset.

Un NFT valido deve permetterci di ottenere vantaggi considerevoli.

Ad esempio, a New York sta per aprire un esclusivissimo ristorante il cui accesso è garantito esclusivamente a chi acquista un NFT. Chi acquista tale NFT si riserva il diritto di un posto a vita. Si avete capito bene. Comprando quell'NFT avremo accesso al ristorante ogni volta che vorremo, perché fondamentalmente abbiamo acquistato un posto a sedere. Quando noi non ci andremo nessuno utilizzerà quel coperto.

Il costo base è di 4,5 ETH, un costo eccessivo per alcuni, considerando che, ovviamente, abbiamo diritto esclusivamente al posto a sedere e non al cibo che mangeremo, che dovremo ugualmente pagare.

È ovvio che, quando parlo di diritto di coperto a vita, si intende fino a quando non avrò intenzione di rivendere l'NFT. Una volta venduto, il nuovo possessore sarà il detentore di quel posto a sedere.

Tornando al concetto di Whitepaper, se un progetto non spiega l'utilità del detenere tale NFT, non compratelo.

L'oracolo di Oklahoma insegna ad investire esclusivamente in quello che si capisce.

Se l'NFT ci garantisce accesso al Metaverso, ma noi non sappiamo cosa sia né avremo mai intenzione di studiarlo e capirlo, o meglio ancora utilizzarlo, forse è meglio orientarci su altro che capiamo o che avremo la possibilità di sfruttare.

Roadmap

Spiegata l'importanza del Whitepaper di ogni progetto, parliamo della Roadmap.

La roadmap è sostanzialmente nella stragrande maggioranza dei casi un grafico che illustra il percorso che tale progetto si prefigge di seguire.

Red Flag: se la RoadMap è a percentuali, attenzione.

È chiaro che una RoadMap che illustra le migliorie del progetto SOLO SE si raggiunge il 10% delle vendite, il 20% delle vendite, il 30% e così via, fornisce molte meno garanzie rispetto a RoadMap a date fisse.

Una RoadMap a date garantisce una sicurezza maggiore, dal momento che, a prescindere dalle vendite che riusciranno a fare, il progetto andrà avanti secondo gli obiettivi prefissati nel tempo dal Team.

Team

Il team illustra, o dovrebbe illustrare, la persona o il gruppo di persone che ci sono dietro al progetto.

Un team poco trasparente, con nickname e foto profilo nella presentazione del website con l'immagine dell'NFT stesso ispira poca fiducia.

Al contrario un team con collegamenti ai social ci permette di "conoscere" realmente a chi stiamo affidando le nostre cripto, ma, ancor di più, a chi stiamo affidando la nostra fiducia.

Social

I social sono elementi essenziali di validità del progetto.

Il social di riferimento è Twitter, più aggiornato in materia di NFT rispetto a Instagram.

I collegamenti ai social sono un 'must' del website.

Una volta validate le precedenti bandiere rosse, il social va studiato per bene.

Un profilo social di un progetto con decine di migliaia di followers non è indice di sicurezza.

Il dato che ci garantisce affidabilità è sicuramente l'engagement di tale profilo, ovvero quanti retweet hanno i post, quanti like, quanti commenti, insomma, quante interazioni hanno gli utenti con tale profilo, quindi, con questo progetto e, quindi, quanto gli utenti siano entusiasti del progetto stesso.

Attenzione, però. Molto spesso il primo post fissato in alto ha un elevato tasso di engagement. Bisogna scorrere il profilo e vedere se tale tasso di engagement si mantiene numericamente coerente nel resto della pagina.

È inutile dire che un profilo social sia facilmente "abbellibile": basta acquistare pacchetti di migliaia di followers ed interazioni, facilmente reperibili online a poche decine di euro oramai.

Insomma, per concludere questo capitolo, se il progetto che avete adocchiato supera queste verifiche con zero red flag, allora siamo davanti al progetto giusto.

Quando e come acquistare

Questo è il momento di sederci un attimo, fare un refresh ed una piccola recap.

Se siete arrivati a questo punto dell'illustrazione fate un'orecchietta a questa pagina.

(Se avete invece la versione digitale aggiungete un segnalibro.)

Vi consiglio di leggere fino alla fine, se occorre più volte, e solo alla fine tornare indietro a questo punto del libro.

Qui chiariremo finalmente, come dice il titolo del capitolo, quando e come acquistare.

Recap. Abbiamo trovato il progetto giusto vagliando le possibili Red Flag; abbiamo analizzato i social e siamo entrati in Whitelist su Discord avendo accesso al mint. È il momento zero della data annunciata.

Diciamo... meglio che sia qualche mezz'oretta prima del mint.

Abbiamo caricato il wallet delle cripto necessarie per acquistare e ci siamo tenuti un ampio margine per le eventuali fees.

Acquistiamo.

Compro in rosso, vendo in verde

Abbiamo acquistato. Finalmente. Abbandoniamo ora però l'euforia perché negli investimenti, di qualunque natura essi siano, bisogna rimanere freddi e non farsi prendere dalle emozioni.

Le cripto ci hanno insegnato che esistono due tipi di emozione: paura ed euforia.

La paura è spesso definita in rete come FOMO, ovvero Fear Of Missing Out.

Questo è il primo errore. Quando siamo davanti ad un grafico che sale abbiamo paura di perdere la chance di entrare nell'investimento. Tale emozione non ci deve appartenere perché tanti investitori alle prime armi sono stati ingannati da candele verdi dei grafici che schizzavano in alto. L'investitore medio acquista a prezzi molto più elevati di quanto un investitore navigato farebbe.

L'altra emozione dilagante è l'euforia che ci invade quando siamo in profitto ed attendiamo perché abbiamo fame di diventare ricchi.

Puntualmente l'investitore medio non vende quando dovrebbe, nonostante sia in profitto. Queste due emozioni non devono appartenerci.

Dobbiamo studiare e capire bene quando entrare e quando uscire.

Sembra scontato, ma non lo è: se siamo riusciti ad acquistare ad un determinato prezzo, a meno che non siamo in bancarotta e abbiamo bisogno di rientrare della liquidità, non venderemo se non ad un prezzo maggiore di quando l'abbiamo acquistato. Non dobbiamo avere paura ad attendere anche mesi, anni...

Non dobbiamo avere paura nemmeno quando questo si svaluterà. Se abbiamo valutato bene il progetto, anche se questo accade, le potenzialità valutate ci possono conferire sicurezza sull'andamento del prezzo futuro.

L'intero libro gira quindi intorno a questo momento: vendere e trarre profitto.

Purtroppo, non esiste un Golden standard.

Non posso dirvi di vendere dopo 1,3 o 5 ore dall'acquisto perché questo dipende da progetto a progetto.

Quello che posso, però, consigliarvi è valutare la scheda attività della pagina del progetto su OpenSea per studiare l'andamento di mercato dell'NFT. Fatevi guidare dal mercato, ma soprattutto da flussi di mercato notevolmente veloci. Se i pezzi sono scambiati ogni pochi minuti allora salite sul treno.

Al contempo, però, il progetto potrebbe prevedere Airdrop gratuiti ricorrenti ed in questo caso sarebbe poco scaltro vendere.

Ciò dipende da ognuno di voi. Se volete comprare progetti, holdarli e venderli nel medio termine o fare tante transazioni nel breve periodo in modo da guadagnare dalla prima compravendita per avere più fondi per accedere a nuovi progetti. Se optate per quest'ultima strada ricordate sempre che ogni movimento di cripto e, quindi, NFT in entrata ed in uscita prevede fees.

L'esperienza vi insegnerà a vendere al momento giusto.

Gas fees war

Abbiamo parlato in numerose pagine di gas fees. Ma cosa sono?

Le fees sono le tasse, o per meglio dire gli incentivi che paghiamo a chi conferma la veridicità dei nostri movimenti economici sulla blockchain.

Zoom out. Facciamo un passo indietro.

Bitcoin. Bitcoin non ha una banca né tantomeno una zecca in cui si stampano i nuovi pezzi.

Come si arriva alla quota limite dei già citati 21 milioni di Bitcoin?

Introduciamo, per chi non lo conoscesse, il concetto di mining.

Dal momento che nuovi Bitcoin non li produce un ente centrale, questi sono distribuiti principalmente a chi contribuisce alla blockchain stessa.

Mi spiego meglio. Io ho necessità di inviare valuta da me (A) a mio zio (B).

Se stessimo parlando di valuta FIAT, euro o dollaro che sia, semplicemente io (A) invierei un bonifico a (B) tramite il mio home banking. Questo movimento di denaro non è immediato. Necessita di tempo affinché la banca che sto utilizzando verifichi la correttezza di tale transazione.

La banca, quindi, garantirà che A è realmente in possesso della cifra che vuole inviare a B. Garantirà, inoltre, che A avrà tale cifra in meno sul suo conto e allo stesso tempo B avrà quella cifra in più una volta avvenuta la transazione.

Questo è quello che succede tradizionalmente.

Inserisco una parentesi. Ormai conosciamo tutti i bonifici istantanei, per i quali si paga una commissione in più. Bene, tenetelo a mente, ne parleremo tra poco.

Torniamo al parallelismo bonifico FIAT - trasferimento cripto.

Considerando che il concetto fondamentale di Bitcoin e di tutte le altre criptovalute è l'abbattimento del terzo fiduciario quale è la banca, bisogna quindi trovare chi verifica e garantisce tali transazioni nel mondo delle cripto.

È superfluo specificare che la parola cripto stessa riporta letteralmente al concetto di sistema di crittografia informatica che utilizza Bitcoin. Ciò vuol dire che stiamo parlando sostanzialmente di calcoli informatici.

Ebbene, il sistema Bitcoin stabilisce che, chiunque metta a servizio della Blockchain la propria potenza di calcolo, denominata *hashrate*, questi verrà ricompensato con una frazione *nuova* di Bitcoin.

Eureka! Ecco spiegato come si conia un *nuovo* Bitcoin o, meglio, come entra in circolazione un *nuovo pezzo*.

Parliamoci chiaro, al giorno d'oggi occorre una potenza di calcolo immensa per generare un Bitcoin intero, infatti si parlerà sempre e comunque di frazioni.

Oltretutto, un semplice computer di casa non è in grado di prestare potenza di calcolo in modo efficiente, a meno che non si partecipi ad una *pool* con altri utenti unendo le forze.

Tutto questo 'prestare potenza di calcolo in cambio di remunerazione viene definito *mining*. Per info, a beneficio di tutti, tutto questo discorso ha a che fare con il vertiginoso aumento di prezzo delle schede grafiche, dal momento che queste sono uno degli strumenti più utilizzati dai minatori per l'alta efficienza e potenza di calcolo.

Dopo questo "breve" preambolo introduciamo, finalmente, il concetto di gas fees.

Come è facilmente intuibile, ogni transazione e/o movimento di cripto garantisce a chi le valida una ricompensa... e chi le paga queste ricompense? Esatto! Noi.

Se vogliamo essere precisi, non andiamo proprio a pagare le ricompense ai *miner,* dal momento che è il sistema stesso a ricompensarli coniando nuova valuta.

Quello che noi andiamo a pagare è l'architettura che permette tale scambio e la priorità.

Ricordate la parentesi del bonifico istantaneo?

Il titolo del capitolo è gas fees WAR non a caso.

Inquadriamo tale dinamica in una situazione di *minting* (con la t, da non confondere con il termine introdotto poco fa).

Abbiamo finalmente trovato il progetto perfetto. Siamo stati talmente bravi da entrare in Whitelist e da avere accesso al minting.

Il minting è libero e non abbiamo limiti di pezzi per Wallet e siamo così fiduciosi nel progetto da voler acquistare più pezzi possibili.

Se questo pensiero l'abbiamo partorito noi, sicuramente l'avranno fatto anche gli altri utenti partecipanti al minting. Va da sé che se il progetto è valido e si prevede un veloce sold out ho necessità di acquistare prima di tanti altri e non perdere il treno.

Come posso essere inserito per primo nella coda delle transazioni per l'acquisto allo start del minting?

Risposta semplice, pagando di più.

Offrirò una maggiore "mancia" ai miner affinché validino prima la mia transazione che quella degli altri.

In questo modo sono certo di riuscire ad ottenere l'NFT che voglio prima che finiscano, in maniera più o meno sicura, e a prezzo competitivo rispetto al market secondario.

E quando invece non ho fretta di acquistare e voglio, invece, risparmiare sulle fees?

C'è da dire che un minimo di fees sono obbligatorie ed è il mercato a stabilire il target minimo, considerando le "guerre" in atto altrove sulla blockchain per altri progetti o per semplici transazioni. Tuttavia, spesso le impostazioni di default nella schermata di conferma d'acquisto danno un valore di gas superiore al minimo con cui riuscirei a portare comunque a termine la transazione.

Come capire qual è il limite minimo risparmiando?

GasTracker.

GasTracker

GasTracker è un utile tool offerto dalla Blockchain di Ethereum, ma non è il solo. Ci permette di tracciare l'andamento dei prezzi delle gas fees e la valutazione attuale.

È facilmente raggiungibile al link etherscan.io/gastracker.

Una volta avuto accesso al tool avremo a che fare con 3 cifre che si aggiornano automaticamente ogni decina di secondi.

Se così non fosse, quando c'è bisogno, diamo una refreshata ogni tanto anticipando l'automatismo.

Le 3 cifre presenti su GasTracker sono i prezzi delle attuali fees in ordine di velocità. Mi spiego meglio.

Se voglio che la mia transazione avvenga in almeno 10 minuti posso scegliere la prima cifra, la più bassa. Se, al contrario, desidero terminare istantaneamente sceglierò l'ultima cifra che, ovviamente, risulterà a prezzo maggiore, se pur di poco.

La scelgo, ma cosa me ne faccio?

Bene. Questi dati li utilizzeremo ad un passo dalla fine del processo di acquisto.

Nella schermata di conferma acquisto il sistema ci darà di default il prezzo del'NFT in questione più le gas fees.

A seconda del Wallet utilizzato avremo la possibilità di giostrare manualmente le fees, solitamente cliccando la rotellina che spesso indica le impostazioni.

Attenzione! Questo processo va fatto prima di confermare l'acquisto.

Se confermate prima, in automatico accetterete le condizioni di gas fees impostate di default e da lì non si può tornare indietro (o forse sì, ma ne parliamo tra poco).

Quindi, prima di accettare le condizioni di prezzo clicchiamo la rotellina delle impostazioni.

A questo punto avremo davanti 3 stringhe numeriche: il primo non bisogna cambiarlo, dal momento che è fisso.

Andremo invece ad aggiustare i valori della seconda e terza stringa.

Queste ultime sono sostanzialmente dei moltiplicatori.

La stringa della priorità è al minimo 1.

La cifra da mettere la troveremo in piccolo sotto al numero scelto su GasTracker indicato, per l'appunto, alla voce *priority.*

È ovvio che se la priorità su GasTracker è 1 si può benissimo lasciare questa cifra, anche se a mio parere è consigliabile aumentare di qualche decimale: 1,2; 1,5 o anche 2.

L'ultima stringa invece è quella fondamentale: quante fees impostiamo di pagare.

Qui nessun consiglio è legge.

Come premesso, tutti i processi finora spiegati non sono assolutamente un consiglio a fare come dico, semplicemente illustro ciò che solitamente faccio io per illustrare ai nuovi appassionati di questo mondo i sistemi utilizzati da chi, invece, in questo mondo ci naviga da un po'.

Quindi sta a voi ora, in base a quanto il progetto è richiesto ed in base a quale guerra ci sia in atto, riportare la cifra di GasTracker nelle impostazioni del preacquisto o attendere che scendano.

Se il progetto andrà o sta andando a ruba, secondo i vostri calcoli, è banale dire che non solo metterò la cifra espressa sul tool, ma l'aumenterò addirittura.

Se il progetto è buono ed il sistema è concorrenziale, posso attendere anche la mattina dopo per acquistare (dico la mattina dopo perché alle mie ore 11 in America *si spera* stiano dormendo).

Una volta fatta questa scelta possiamo confermare l'acquisto.

Da qui non si torna indietro.

Se avete impostato fees troppo basse e la transazione è in *pending* le scelte da fare sono due: Attendere o annullare la transazione.

"*Ma non avevi detto che non si può tornare indietro?*".

In realtà un sistema c'è. C'è sempre una soluzione. Tuttavia, mi riservo il diritto di non classificarla mai come alternativa, ma come ultima spiaggia a cui non dover mai ricorrere se non strettamente necessario. Anche perché tale soluzione serve solo a confermare la transazione dandogli una spintarella in più, non ad annullarla completamente, perché non si può.

È chiaro che chi ha più soldi può tutto.

Per annullare la transazione sostanzialmente bisogna rifare la stessa transazione pagando fees più alte, quindi aggiustando il tiro con il nostro fido GasTracker al nostro fianco.

Attenzione però, perché se non seguite questo passaggio (e vi invito prima di farlo di consultare anche qualche guida online in base al wallet utilizzato) aggiungerete solo una transazione in più. Accoderete una carrozza più pesante ad un treno che già non si muove.

In linea di massima per sostituire la carrozza e non aggiungerne un'altra bisogna leggere il numero della carrozza stessa.

Mi spiego. Apriamo la transazione che vogliamo velocizzare. Leggiamo il numero alla voce **Nonce.**

Ebbene quello è il nostro numero della carrozza. Mettiamo caso il mio Nonce è 33 e io facessi partire una nuova transazione identica alla precedente ma con Nonce 34, avrei come detto una carrozza 33 che non cammina seguita da una carrozza 34 che non può passare avanti.

Quindi il sistema da adottare è copiare il numero di Nonce nella nuova transazione a cui avremo preventivamente aumentato le fees.

In conclusione, abbiamo compreso appieno che ogni asset può diventare un NFT se certificato sulla Blockchain.

Ma non è finita qui.

<u>Vi avevo promesso una sorpresa</u>,

voltate pagina!

SORPRESA FINALE

La copertina di questo libro è un NFT!!
Di seguito il link per acquistarlo e, quindi, applicare le procedure apprese.

Ne esistono soltanto venti copie.

Tuttavia, *oltre a poter essere considerato come un piccolo omaggio per l'autore*, permette a chi l'acquista di accedere al link per il download dei miei precedenti libri **GRATIS.**

Due libri ad un terzo del costo previsto

Alessandro - the Author (Copertina)

https://opensea.io/assets/0x495f947276749ce64 6f68ac8c248420045cb7b5e/7457527116885060 6686877384155292576065269050033653119839440608850663224377364/

www.ingramcontent.com/pod-product-compliance
Lightning Source LLC
Chambersburg PA
CBHW070127230526
45472CB00004B/1463